ADVIS D'ANGLETERRE,

ENVOYÉ EN FRANCE

PAR LES COMMVNES DE

LONDRES,

AV

CARD. MAZARIN,

Luy representant l'Histoire de Gauerston, Fauory d'vn de leurs Roys, & les malheurs qui luy sont arriuez, sur le mesme suiet d'vne guerre qu'il exerce aujourd'huy.

A PARIS,

M. DC. LII.

AVIS
D'ANGLETERRE,
LETTRE EN FRANCE
PAR LES COMMUNES DE
LONDRES
AU
CARD. MAZARIN.

Luy repreſentent l'Eſperance de Conuerſion,
l'abjuration de leurs Pays, & la mul-
titude qu'on s'eſt armez, [illegible] la maxime
[illegible] de la guerre qui s'eſtre aujourd'huy.

A PARIS.

M. DC. LII.

ADVIS D'ANGLETERRE,

enuoyé en France par les Communes de
Londres, au Cardinal Mazarin, luy
representant l'Histoire de Gauerston,
Fauory d'vn de leurs Roys, & les malheurs qui luy sont arriuez, sur le mesme suiet d'vne guerre qu'il exerce aujourd'huy.

E n'est pas d'auiourd'huy qu'il se ren-
contre des hommes qui courent en ce
monde vne semblable fortune, ou
pour le moins il s'y trouue si peu de
chose à redire, que ce n'est seulement
que pour confirmer le prouerbe, qui
dit que toute comparaison cloche,
c'est à dire qu'il n'y en a point de si exacte, qu'elle ne
soit dissemblable en quelqu'vne de ses parties. Vne cir-
constance toute seule est capable de changer vne affaire de face, & de faire qu'il y ait de la disproportion, soit
par les lieux ou par les temps, & pour tout dire, il ne se
fait point d'action au monde où il n'y ait de la dissem-
blance, si conforme qu'elle puisse estre, comme il ne se
trouue point de visages qui se rapportent, de sorte, qu'il
n'y ait quelque trait qui soit dans l'vn, & qu'il ne pa-

roisse pas dans l'autre. Mon dessein donc est de comparer deux Tyrans ensemble, dont l'vn a autrefois regné
dans l'Angleterre sous l'authorité du Roy, duquel il
estoit fauory, & qui represente tellement Mazarin, par
son orgueil & par son impertinence effrenée qu'il fit
paroistre sur la Noblesse & sur le peuple, qu'il y a peu
de chose à dire à leurs actions, de sorte qu'il ne reste
plus que la fin de celuy qui vit à present en France, à sça-
uoir, pour les comparer de tout point. Mais comme les
actions de la vie font le chemin, & les preparatifs à la
mort, il est à iuger que le cellé du Mazarin ne doit estre
que funeste, puis qu'il n'opere rien que de funeste & de
deplorable.

Du temps de Henry Roy d'Angleterre, il y auoit vn
Gentil-homme nommé Gauerston, dont la probité
singuliere iointe à la sagesse & à l'erudition le faisoient
admirer non seulement du Roy, mais aussi de toute la
Cour. Il estoit forty de Gascongne son pays, & s'estoit
mis à seruir ce Prince pour s'auancer prés de luy, aussi
ne manqua t'il pas d'y trouuer vne fortune comme il
l'auoit desirée, car lors que le Roy eut vn fils, il luy en
donna le Gouuernement, dont il s'acquitta auec vn si
grand auantage, qu'il paruint aux plus belles charges,
& eut tout le credit dans la Cour qu'vn homme de bien
comme luy pouuoit esperer au milieu d'vne si belle fortune : il ne manqua pas de partis aduantageux pour ce
marier, & eut à la fin vn fils lequel heritant du nom de
son pere, n'herita pas de ses belles perfections, mais il
se rencontra le plus orgueilleux & le plus insolent qui
eust iamais paru sur la terre. Comme il estoit du mesme
aage que le fils du Roy, il fut aussi nourry auec luy, de
sorte que le petit Prince conceut insensiblement pour
luy tant d'affection & d'amour qu'il ne pouuoit viure
sans estre en sa compagnie, & sans l'auoir auprés luy.

Le

Le Roy conneut bien cette affection, & comme il auoit
obserué l'arrogance de ce petit Gauerston, il reprit
plusieurs fois son fils de s'attacher si fort à vn enfant si
sot & si presomptueux, mais ses remonstrances furent
inutiles & ne seruirent de rien, l'amitié à des liens trop
forts pour se rompre si aisement, & celle là deuint si
puissante, qu'elle surpassa toutes celles qui l'auoient
precedée, & trouua, s'il faut ainsi dire, sans exemple
cependant le Roy vint à deceder, apres aussi que Gauerston eust esté priué de son pere, & ce fut alors que le
legitime heritier de la Couronne, commençant d'a-
uoir le commandement, commença aussi de faire es-
clatter la passion qu'il auoit pour son Gauerston. Lors
qu'il fut en aage de pouuoir luy conferer des honneurs,
il se remplit de tant de dignitez & de tant de charges,
qu'il possedoit seul autant qu'elles eussent esté capa-
bles d'en rassasier beaucoup d'autres, & entre autre
chose il luy donna le Ministere de l'Estat, & le con-
stitua Chef de son Conseil & de ses desseins. Voicy le
coup dont se miserable fut aueuglé plus qu'auapara-
uant, car lors qu'il se vit eleué dans vn si haut degré, &
qu'il eust le pouuoir sur tout le Royaume, il commença tellement à se m'econnoistre qu'il ne faisoit plus d'e-
stat non seulement du peuple, mais aussi de la Noblesse
qu'il mesprisa iusqu'au dernier point, & se presuma de
luy oster le pouuoir & l'authorité afin d'estre plus ab-
solu, & de n'auoir plus personne qui le contredist. De
plus son auarice monta si haut, & se porta à tant d'excez & à tant d'outrages, qu'il mettoit toute pierre en
œuure pour accumuler thresors sur thresors, & amassa
des richesses, sans nombre aux despens de tous les Estats
du Royaume. Pendant toutes ces façons de faire, ceux
qui se trouuoient scandalizés de ce procedé, ne man-

B

quoient pas de remonstrer au Roy, le danger qu'il y auoit de permettre qu'il auançast d'auantage : & luy persuadoient de couper la broche à tant d'iniustices & d'extorsions qui se commettoient par ce Fauory, mais bien que le Roy luy remonstrast plusieurs fois qu'il ne faisoit pas bien de se faire hayr de ses suiets, il secoüoit l'oreille à toutes ses remonstrances, & ne s'en faisoit que mocquer. Enfin apres auoir tanté toutes sortes de moyens pour faire que le Roy luy arrachast le Ministe-re, & luy ostast le pouuoir (qui estoit le seul remede à tous ces desordres) l'indignation de tous les premiers de l'Estat passa si auant, qu'on se resolut de supplier tres-humblement le Roy de le vouloir esloigner de luy, ce que l'on redoubla plusieurs fois auec des instances qui tesmoignoient bien les ressentimens de chacun. Le Roy qui craignoit qu'on ne fist quelque violence à son Fauory, en suitte de tous ces tesmoignages de mauuaise volonté qu'on auoit pour luy, se resolut de luy faire commandement de se retirer, non pas que son amitié fust en quelque façon refroidie, mais il se repre-sentoit deuant les yeux le pouuoir qu'il auoit de luy continuer ses faueurs en quelque part qu'il allast. Il fallut donc tout d'vn coup que Gauerston se resolut de partir, le Roy luy assigna la Gascogne, (lieu où son pere auoit pris naissance) pour se retirer. Le voila sur le chemin d'y aller : mais, helas ! quels transes & quels transports n'esprouua-t il point. Il est dans le desespoir, il se remet deuant les yeux ce qu'il quitte, les honneurs qu'il perd, les richesses qui'l ne peut plus amasser, & bref la passion & la rage le saisissent de sorte, qu'au lieu d'obeyr aux commandemens du Roy, sans se soucier de ce qui luy en pouuoit arriuer, il se resolut de retour-ner sur ses pas, & de s'aller reietter dans ses bras. Il en-

uoya quelqu'vn des siens qu'il estima le plus adroit
pour ce sujet là, & pour representer à son Maistre qu'il
ne pouuoit viure sans luy, que son absence luy cause-
roit mille morts: & bref, il luy sceut si bien representer
son affaire, que le Roy permit qu'il reuinst, & le receut de bras ouuerts, le replaçant dans toutes ses dignitez, & dans tous les honneurs qu'il auoit quittez,
s'imaginant que sa disgrace luy seruiroit de conseil,
pour se mieux comporter à l'aduenir, & afin de luy en
donner le suiet, il luy pratiqua vn mariage auec vne des
plus nobles & des plus riches filles de son Royaume.
Mais il est plus aisé de dompter des Tygres & des
Lyons, que de vaincre vn auaricieux & vn superbe,
tant les deux sortes de vices prennent racine dans vne
qui en est vne fois touchée. La restitution des honneurs, & cette auantageuse alliance ne seruirent que
de matiere, pour rallumer la conuoitise de ce fauory,
il fut plus insupportable qu'auparauant, & pour abre-
ger mon discours, il tira si bien dans ses coffres toutes
les richesses des particuliers, que le Roy mesme s'en
ressentit, & demeura si incommodé, qu'il ne pouuoit
fournir à la despense de sa maison. La Noblesse qui se
voyoit mesprisée plus qu'auparauant, se resolut de se
plaindre. Les Parlemens & les peuples se ioignent auec
eux, & va t'on remonstrer au Roy le cours de ces affaires si pressantes, & que s'il n'y vouloit donner bien-
tost du remede, le mal deuiendroit sans doute incur-
rable. Le Roy fait la sourde oreille, & prenant plus
de pitié de son fauory que de ses suiets, il mesprise les
aduertissemens qu'on luy donne. La Noblesse au con-
traire se resout d'en venir à bout, on leue les armes
contre le Roy, qui fut inopinement contraint de se retirer de sa ville de Londres, & de se retirer prompte-

ment auec Gauerston, & quelque petite poignée de gens de guerre qu'ils peurent amasser à la haste, On les poursuit viuement, & sont deffaits en plusieurs rencontrés. Le Roy dans ses entrefaites se trouue plus empesché qu'il ne l'auoit esperé, il n'a plus ny de soldats, ny d'argent, en diuerses occasions il se voit bien en danger de sa personne, & ne void point d'autre moyen pour se reparer, que d'abandonner Gauerston; car comme il se fut ietté par necessité dans vn Chasteau assez fort, où neantmoins il auoit fort peu de monde pour sa deffense, il se resolut de l'abandonner, & d'y laisser Gauerston à la discretion de la fortune & du sort, se contentant de l'auoir deffendu tant qu'il en auoit eu le pouuoir. Et puis il n'y a point de doute que les difficultez où il se trouuoit, ne luy fissent iuger tout à coup de l'impertinence de son fauory, & qu'il estoit temps qu'il l'abandonnast pour songer à sa propre conseruation: car sans doute il n'y a rien de si propres pour nous faire songer à nous, que les pertes & les dangers. Gauerston est donc delaissé du Roy, sans autre azyle ny autre deffense que les murailles où il estoit enfermé, il est assiegé par ses ennemis, qui le prennent enfin par la force, & pour vn exemple memorable à toute la posterité; Le menent à Londres, & luy ostent la teste de sur vn eschaffaut, sans auoir esgard à la perte que faisoit sa femme, & sans aucune consideration de ses pleurs, ny de ses prieres, ny mesme de l'authorité de toute sa race. Cette action estant faicte, chacun se remit aussi-tost sous l'obeyssance du Prince, qui se ralliant auec ses suiets, demeura satisfait de leur procedé, perdant le souuenir de ce miserable fauory, qui luy auoit causé tant de pertes, tant de dommages, & tant de troubles, par son ambition & son auarice.

Aduis

Aduis au Cardinal Mazarin , sur l'Histoire
de Gauerston.

Ie vous ay voulu raconter cette Histoire en peu de
paroles, afin d'en tirer la comparaison que vous en
pouuez esperer. Pour ce qui est de la naissance du Cardinal Mazarin, & des qualitez, & de la condition de
son Pere & de ses Parens, il n'est pas besoin d'en parler
icy, puis que vous auez eu plusieurs pieces qu'on en a
composee tout exprés. Ie passeray donc à ce qui le re-
garde luy mesme. Vous sçauez bien le sujet qui l'a ame-
né en France, & qu'apres auoir pacifié quelques troubles qui s'estoient esmeus en Piemont, & empesché
les deux armées de se chocquer, la bonté du Roy def-
funt fut telle pour luy, qu'il le fit venir à sa Cour, & luy
donna sa faueur en sorte, que par le moyen mesme du
Cardinal de Richelieu, il luy a succedé depuis la mort
de ce grand Monarque. Vn des plus signalez bon-heur
qu'il receut, ce fut d'estre fait le Parrain du Roy, autre qui l'a depuis conserué dans sa tyrannie, car se pre-
ualant de la ieunesse du Prince, de la simplicité de la
Reine, qui pensoit veritablement trouuer quelque
support en luy, pour la bonne administration du Royaume, il s'est seruy de tant de prestiges par luy mesme,
& par vne infinité de Partisans qu'il a fomentez, qu'il
s'est insinué dads les esprits de leurs Majestez auec
tant de puissace & tant de force, qu'auiourd'huy on ne
l'en sçauroit loüer, à la perte & à la ruine de tout cet
Estat, de mesme que Gauerston estoit dans l'imagina-
tion du Roy d'Angleterre. De plus qui est celuy qui
ne connoist pas euidemment son orgueil, son orgueil en ce qu'il a voulu mestriser les Princes, & a-

C

mesme attenté deſſus leurs perſonnes en les faiſant te-
nir priſonniers, Premierement en la perſonne de Monſieur de Beaufort, puis en celle de Monſieur le Prince,
& les auroit ſans doute perdus, s'il n'en auoit eſté em-
peſché par vn ſecret du Ciel, qui nous les a gardez
pour nous deſfaire de ce miſerable tyran? Que ſi par ce
moyen ſon orgueil ne cede en rien à celuy à qui nous
le comparons, eſt-il pas vray que ſon auarice eſt pour
le moins auſſi dangereuſe pour nous, puis qu'il à tellement eſpuiſé le Royaume, qu'on peut dire qu'autant
de particuliers qu'il y ſont, ſont autant de neceſſiteux
& de pauures, & que contre la volonté meſme de Dieu,
qui par ſa liberalité accouſtumée, nous auoit preparez
des fruits ſur la terre, que ce miſerable tyran fait tous
les iours! De ſi grandes & de ſi baſſes compagnies,
ſemblent nous reprocher iuſtement l'ingratitude de ce
Miniſtre vindicatif & ialoux, en ſe plaignant que leur
fecondité nous eſt inutile; ils nous diſent, en leur lan-
gage muet, que ce n'eſtoit pas leur attente que le la-
boureur fuſt fruſtré d'vne ſi foiſonneuſe moiſſon.
Qu'ils n'auoient pas ſouffert la charruë & la houë,
pour ſe voir dépoüillez auparauant la ſaiſon, & que
les biens qu'ils auoient produit en ſi grande abondan-
ce, n'eſtoient pas ſortis de leur ſein pour eſtre foullez
par les pieds des hommes, & par ceux des cheuaux,
auparauant que le temps les euſt mis en maturité. Ce
ſont là les beaux effets d'vn tyran, qui ne ſe contentant
de nous auoir ſuccez iuſqu'aux os, & de nous auoir en-
leué tout ce qui pouuoit tomber dans ſes mains ou
dans celles de ſes adherans, voudroit encore nous ra-
uir la vie s'il eſtoit poſſible, & nous arracher tout ce
qui eſt neceſſaire pour la conſeruer. Se peut-il trouuer
vne auarice plus damnable & plus perilleuſe que celle-

là. N'est-ce pas faire la guerre au Ciel & aux hommes,
que d'y proceder de la sorte. Mais venons à ce qui tou-
che le Roy, iamais Gauerston a-t'il eu l'audace d'enleuer le Roy de son Louure, & de le mener hors des
murailles de sa capitale ? C'est icy pour la seconde fois
que le Mazarin a eu l'impudence d'enleuer le Roy de
sa bonne ville de Paris, qui gémit sans cesse & qui se
consume de regret & de desplaisir pour vne absence si
fascheuse & insupportable. Il a plus fait mille fois que
ie ne puis dire, il ne s'est pas contenté d'vn enfant, il
s'est fait accompagner de la mere & de l'autre frere,
afin qu'il ne restast plus rien à ceux qui voudroient de-
fendre le Roy & l'Estat ; Il s'est promené comme
triomphant d'vn gain si precieux & si cher, & augmen-
tant tousiours la superbe & son insolence, il a fait
voir à toute la France ce qu'il nous auoit dérobé, non
pas pour s'en seruir à vn bon sujet, & comme d'vn legitime pretexte ; mais pour leur faire voir à eux mes-
mes, & deuant leurs yeux la desolation de leurs peuples, & se seruir de leur propre main pour les ruiner.
Gauerston fus attaqué par les nobles d'Angleterre, &
le Mazarin est auiourd'huy poursuiuy par les Princes,
lesquels entreprenant la cause du Roy, la leur propre,
& celle des peuples, employent tout leur pouuoir pour
se vanger de ce superbe tyran, dont l'effronterie est
telle qu'il ose leur resister, Voulez-vous voir vne effronterie plus qu'insupportables. De mesme que Gauerston auoit esté congedié de son maistre pour se retirer hors de son Royaume ; Le Mazarin estoit sorty
hors de France, pour n'y iamais remettre le pied,
comme il y auoit apparence, mais se voyant esloigné
des moyens d'assouuir son auarice & son ambition, il a
aimé mieux tout risquer que de se voir priué d'vne

choſe qui luy eſt ſi douce & ſi agreable, que de piller
& de prendre par tout où il peut en trouuer. Inſa-
tiable auarice que tu eſt vn inſupportable venin dans
le cœur des hommes, & que ceux qui ſe laiſſent aller à
tes charmes, ſe voyent enfin trompez, puis qu'au lieu
de ce que tu leur fais eſperer, ils ne trouuent enfin dans
leurs mains qu'vn petit de vent, ou pour mieux dire,
ils ne treuuent rien du tout, puis qu'vne mort le plus
ſouuent honteuſe & infame, comme nous l'auons déja
veu de nos iours, eſt le prix de ce que tu nous as pre-
ſenté.

Amy Lecteur, voyez ce diſcours auec attention.

Iuſques icy, i'ay conduit m'a comparaiſon de
fil en eſguille, & de peur d'ennuyer mon Lecteur, ie l'ay tranchée le plus court qu'il m'a eſté
poſſible, n'eſtans pas beſoin de s'eſtendre dans
vne choſe ſi viſible & ſi renommée de tous; mais
pour ce qui eſt à venir, ie ne ſçaurois porter mon
iugement ſi auant que de ſçauoir ce qui en pour-
ra arriuer. Dieu qui ſe reſerue le futur en a la
connoiſſance luy ſeul; mais neantmoins s'il eſt
permis de iuger de l'aduenir par les circonſtan-
ces, ie puis aſſeurer que la mort du Mazarin ne
fera pas moins violente, n'y moins funeſte que
celle de Gauerſton, puis que ſa vie n'eſt pas meil-
leure, & ſi l'actiome eſt veritable, qui dit, telle
vie, telle fin; Ioint que ſçachez minement des

affaires,

affaires, ne ſçauroit que luy promettre du mal,
puis que ceux qui l'entreprennent contre luy ont
de leur coſté la iuſtice, & que les forces ne leur
manquent pas pour executer, Monſeigneur le
Duc d'Orleans a l'ame trop bonne, & ſes deſſeins ſont trop raiſonnables, pour ne ſe pas
oppoſſer de toutes ſes forces à l'impieté d'vn
meſchant, pour s'aggrandir de nos pertes, n'a
pas eſté content de tirer à luy tous les treſors
de la France tant Eccleſiaſtiques que Seculiers,
mais auſſi qui ne pouuant mettre ſur ſa teſte
la Couronne des François, s'eſt ſaiſi du Roy,
de la Reine, & du ſecond heritier du Royaume, iouyſſant par ce moyen là de ce qu'autre-
ment il n'oſeroit eſperer. Monſeigneur le Prince, & tous ceux qui ont intereſt aux auanta-
ges de la Maiſon Royale ſont auſſi iuſtes pour
laiſſer de ſi laſches actions impunies, & pour
ne pas continuer les deſſeins qu'ils ont fait iuſqu'icy paroiſtre, de pourſuiure vn ſi laſche, &
vn ſi meſchant rauiſſeur, qui ne merite pas
moins qu'vne mort & que des ſuppliez, qui
n'ayent iamais eſté pratiquez, par les plus grands
tyrans de la terre: Et s'il m'eſt permis de t'ex-
horter, ô France ma chere patrie, & s'il eſt
vray que ie ne ſçaurois me departir de tes in-

D

terefts, ie te fupplie à mains iointes, comme
vn de tes plus affectionnez nourriffons, de
pourfuiure ce Monftre hideux de toutes tes forces, & de ne le pas efpargner, afin qu'en ayant
obtenu l'auantage fous la fage conduitte de tes
Princes, tu le puiffe enfin reduire aux abbois,
& le punir de tant d'excez & de tyrannies,
& de tant de crimes, qu'il a exercez fur luy vn
Roy, & fur toute l'eftenduë de tes Prouinces,
& de tes diuerfes contrée, fe fera l'afcheue-
ment de ma comparaifon, fi tu luy vois fouf-
frir vne mort cruelle, & le contentement de
tous les gens de bien qui font dans ton fein.
En fuite nous les reuerrons enfin reuenir dans
fa bonne ville, comme nous l'auons toufiours
defiré, & chacun dans vne intelligence agreable fe remettra dans fes fonctions & dans fes
deuoirs, gueriffant par ce moyen là toutes les
defectuofitez qui font maintenant dans l'Eftat.

www.ingramcontent.com/pod-product-compliance
Lightning Source LLC
LaVergne TN
LVHW050225060726
842525LV00007B/2535